拉鲁斯

儿童心理小百科

Les Questions Ca Fait Grandir

［法］卡琳·西蒙妮（Carine Simonet）著
［法］伊莎贝尔·玛格瑞（Isabelle Maroger）绘
孟艳 译

北京日报出版社

图书在版编目（CIP）数据

拉鲁斯儿童心理小百科 /（法）卡琳·西蒙妮著；
（法）伊莎贝尔·玛格瑞绘；孟艳译. -- 北京：北京日
报出版社，2021.8（2023.4 重印）
ISBN 978-7-5477-3991-4

Ⅰ.①拉… Ⅱ.①卡… ②伊… ③孟… Ⅲ.①儿童心
理学—少儿读物 Ⅳ.①B84-49

中国版本图书馆CIP数据核字(2021)第116368号

北京版权保护中心外国图书合同登记号：01-2021-3610

First published in French under the title
Les Questions Ca Fait Grandir
by Carine Simonet
Copyright © LAROUSSE , 2021
Simplified Chinese edition copyright:
2021Beijing Sunnbook Culture & Art Co, Ltd
All rights reserved.

拉鲁斯儿童心理小百科

出版发行	：	北京日报出版社
地　　址	：	北京市东城区东单三条8-16号东方广场东配楼四层
邮　　编	：	100005
电　　话	：	发行部：（010）65255876
		总编室：（010）65252135
印　　刷	：	天津创先河普业印刷有限公司
经　　销	：	各地新华书店
版　　次	：	2021年8月第1版
		2023年4月第4次印刷
开　　本	：	889毫米×1194毫米　1/16
印　　张	：	8.25
字　　数	：	100千字
定　　价	：	88.00元

版权所有，侵权必究，未经许可，不得转载

序

"天问"的解法

"爸爸,宇宙有没有边儿?""为什么我一伤心就想哭?""为什么你不爱玩《我的世界》?""人的灵魂和肉体可以分开吗?"……从小到大,儿子哲哲很喜欢问我问题,这些问题在我看来近乎"天问",成为我既欢喜又畏惧的存在。

欢喜,源于乐见哲哲一以贯之地爱思考;畏惧,则是对他的"天问"无法回答。对于孩子提出的问题,不同的父母有不同的应对方法。我曾听一位校长说起自己的亲身经历:他的孩子曾问他这个世界上有没有鬼,他觉得"这个问题有问题",于是顾左右而言他,孩子没再追问。本以为这件事就此过去,没想到孩子考上大学后,有一天,他在收拾孩子的物品时,突然发现很多讲解鬼神的书,一刹那,他的内心五味杂陈。

爱问问题是孩子的天性,他们在成长的不同阶段都很好问。若问题得不到回应,或找不到靠谱的答案,他们往往会像心理学家埃里克·埃里克森所说的一样，"自我同一性受阻"，不断求索，徘徊于此间。因此，直面孩子的"天问"，和孩子一起去寻找答案，才是正确的教育之道。这一理念很鲜明地体现在《拉鲁斯儿童心理小百科》一书中。书中罗列的 60 个帮助儿童成长的人生大问题，都是作者在工作中遇到的、实实在在来自儿童的真问题，中国孩子在日常生活中同样也会遇到、问及、思考、求解这些问题，因为它们具有普遍性与代表性。

这些大问题被贴心地分为 6—7 岁、8—9 岁、10—11 岁三个年龄段，从日常生活中的困惑，逐渐过渡到儿童对自我、对世界、对生命终极目的的哲学思考，并伴随着他们从童年期走向青春期。

不同的人生阶段，意味着不同的心灵观照，反映出儿童知识、关注点、眼界和思考深度的实质变化，是一个孩子对自我、他人、世界由浅到深，由简单到复杂，从"形而下"到"形而上"的思辨。现实中，孩子就是通过提出问题以及思考问题来反观自我、发现世界的。因此，为了更好地应对孩子的"天问"，作者卡琳·西蒙妮做了一个很好的示范，她的引导方式与回答能给父母一定的启发——先接纳和赞赏孩子的问题，在情感上认同他们的积极思考，在知识上予以恰切的点拨，在方法上进行循循善诱的启发，在价值观上给予积极正面的引导。

身为心理学专家，卡琳·西蒙妮很好地掌握了回答的度，有的是点到为止，有的是侃侃而谈，既让孩子看到解决问题的关键所在，也有被实践证明了的有效行动建议。例如，当孩子有沉重的心结难以打开时，作者劝慰孩子，"要相信自己，你总会找到解决办法的。但是，当你像雪球一样被摇晃得东倒西歪，你就不会看到解决办法。你应该耐心地等待事情过去。太阳总会照常升起！"如此建议饱含浓浓的接纳和爱的力量，这本质上是帮助孩子走出困惑的金科玉律，是帮助孩子战胜自我、完善人格的奥秘所在。

儿童心理学是一门复杂的学问，父母都应该学一些，不为自己成为心理学家，而是为了能更好地帮助孩子成长，使其顺利度过每一个关键阶段。有理念、有方法、有智慧的父母，会和孩子一起直面、攻解那些看似无法回答的"天问"，他们已在无形中成为孩子童年的守护者，而孩子也会在了解自己、发现世界与人生运转奥秘的同时，找到自身使命与成长动力，向着梦想前行。

——张贵勇

亲子教育畅销书作家、《中国教育报》副编审

作者的话

我是一名心理学家,工作中常与像你一样的孩子接触,我从事这份工作已经25年了。

孩子是通过自己思考问题以及向大人提出问题来发现世界的。大人能够妥善地回答这些问题,很重要,但这做起来并不容易!

在这本书中,我收集了60个小学生提出的问题。这些问题你可能也会遇到,涉及生活、亲情、爱情、友情、死亡、学校、家庭、社会交往、恐惧、信仰……

我提供的答案也是我在和小学生交流的时候给出的意见。这可以算作一个出发点,每个人都会找到更适合自己的答案。因此,你和你的父母还要继续一遍又一遍地思考这些问题。

也许今天找到了一个觉得还不错的答案,但明天又找到了一个更好的答案。其实,最重要的是一起去思考、分享、发现、娱乐……

我希望这本书能够对你有所帮助,并让你保持对生活的好奇心。

卡琳·西蒙妮

目 录

- 为什么相爱的人会亲吻彼此？…4
- 为什么妈妈更喜欢小妹妹？…6
- 自信的秘密是什么？…8
- 为什么爸爸妈妈要分开？…10
- 为什么不喜欢一个人睡呢？…12
- 人为什么会做噩梦？…14
- 人为什么会死呢？…16
- 白色幽灵真的存在吗？…18
- 人为什么会有想死的念头？…20
- 什么是异父或异母兄弟？…22
- 是否该向自己喜欢的人表白呢？…24
- 为什么我不喜欢读书？…26
- 为什么男生总喜欢打架？…28
- 长时间看电子屏幕会影响大脑发育吗？…30
- 为什么挨打的总是我？…32
- 为什么总觉得自己像个隐形人？…34
- 为什么爸爸责骂我的时候，我更加不会做作业？…36

8—9岁

- 为什么我们都会自以为是？…38
- 我生气了怎么办？…40
- 人为什么要忍受痛苦？…42
- 朋友会因为我的诅咒而死掉吗？…44
- 我长大后会变丑吗？…46
- 为什么鲁本生病后就像变了一个人？…48
- 为什么我害怕说"不"？…50
- 为什么老师总是抓狂？…52
- 为什么妈妈不在意我的害怕？…54
- 我的父母为什么会生气？…56
- 收养是什么意思？…58
- 为什么我不喜欢努力？…60
- 我必须爱我的妹妹们吗？…62
- 为什么我不喜欢失败？…64
- 笑真的对身体有好处？…66
- 为什么我不喜欢无聊？…68
- 为什么我待人友善时，自己也感觉很好？…70
- 为什么我很后悔一个人把糖果吃掉了？…72
- 为什么会对父母撒谎？…74
- 真的会因为压力大而肚子疼吗？…76
- 为什么大人也会焦虑？…78
- 为什么不该说伤人的话？…80
- 人为什么有灵魂？…82
- 为什么雨果和我们不一样？…84
- 时光飞逝，我如何能够留下它？…86

10—11岁

- 什么是快乐？…88
- 我们为什么活着？…90
- 人为什么有情感？…92
- 我聪明吗？…94
- 真的能穿越时空吗？…96
- 我会有成功的人生吗？…98
- 如果我爱的人离我而去，我该怎么办？…100
- 为什么害怕考低分？…102
- 如何找到一生挚爱？…104
- 为什么没有人无所不知？…106
- 死亡意味着什么？…108
- 为什么我害怕在全班同学面前讲话？…110
- 如何才能找到真正的朋友？…112

- 为什么有些人总喜欢嘲笑小孩？…114
- 爷爷为什么会自杀？…116
- 为什么男孩不能流泪？…118
- 朋友之间会亲如兄弟吗？…120
- 为什么我看不得朋友难过？…122

关键词索引…124

爱丽丝 7岁

为什么相爱的人会亲吻彼此？

爱丽丝，相爱的人会亲吻彼此，以表达心中的情感。

亲吻，拥有一种神奇的力量！爱丽丝，我给你解释一下为什么。

当妈妈亲吻你的时候，你有什么感觉？

你会感觉非常放松，内心温暖，对自己很有信心……所有这些都归功于一个小信使——荷尔蒙。这种荷尔蒙叫作"后叶催产素"。

当妈妈拥抱你的时候，这种荷尔蒙会在你的体内传播，传递积极的信息，例如"妈妈爱我""我也爱妈妈""我的内心充满爱，我也可以把这种爱传递给他人"。你看，生活变成了"爱心形状"，这也是为什么它又被称为"爱情荷尔蒙"！

多亏了这种"爱情荷尔蒙"，人们才得以建立相互依恋的纽带，我们才会和他人亲密接触。你会想结交朋友，并与他们融洽相处。

你看，亲吻也是个化学问题！

亲吻的次数越多，你就越会想去亲吻别人或者被别人亲吻，你会感受到爱和安全感。亲吻会给你一双爱的翅膀！很神奇，不是吗？

你呢，爱丽丝，你有喜欢的人吗？

嘘——别告诉我！

> 阿莉西亚 6岁

为什么妈妈更喜欢小妹妹?

阿莉西亚,你认为妈妈更喜欢妹妹,那是因为妹妹比你小,需要更多的照顾。

你之所以这么想,也许是因为嫉妒妹妹,你觉得她拥有比你更多的关爱。

嫉妒是一种正常的情感,向你证明你还活着,还很健康。尤其是面对自己所爱的人时,这种感受会更加强烈。

但是要当心，嫉妒也会给你愤怒的"玉米粒"加热。

我向你保证，阿莉西亚，妈妈的心是有弹性的，当她拥有更多的孩子时，她的心也会变大。

也就是说，在妈妈的心中，你始终保持着同样的位置，你的妹妹也拥有同样的位置。

也许妈妈需要花费更多的时间来照顾妹妹，因为她有很多事情还做不好，比如：穿衣，吃饭。但是，并不能因此就断定妈妈更喜欢妹妹。因为爱不是通过时间来衡量的。

你要知道，阿莉西亚，你出生的时候，是非常幸运的，那时候的爸爸妈妈只有你一个孩子。但是，你的妹妹就不曾享受过这种待遇。不过，妹妹有另外一种福利，那就是她有幸拥有你。有一个像你这样的姐姐，对她来说是一件多么好的礼物啊！

当感到嫉妒令你发狂、无法控制时，你可以去找妈妈或爸爸，把自己的感受告诉他们。 他们会给你一个大大的拥抱，你就会沉浸在"在一起"的快乐时光中。

你也可以时不时地站在大人的角度考虑一下。阿莉西亚，父母真的很难将爱平分给每个孩子，并且确保每个人都能感受到。通过这种换位思考，你将会坚实而有力地成长起来。

告诉自己，你是唯一的，父母对你的爱也是唯一的！

> 马克西姆 7岁

自信的秘密是什么？

这确实是一个好问题，马克西姆！的确，经常有人对我们说："要自信一些！"但是，我们该怎么做才能更自信呢？

自信就像一座城堡，是你一点一点建造起来的。这需要花些时间，甚至可能需要花费一生的时间。

你父母和周围其他成年人给予你的爱，就是这座城堡的地基。你积攒的所有积极的经验，都是建造城堡所需的石头。

每一块"石头"都很重要，每一天都很重要。为了帮助你建立自信，我建议你选择一个自己喜欢的包包，用来装你的"自信之石"。

但需要注意的是，并不是什么"石头"都要装进包包里哟！当条件允许的情况下，你可以装入：

——**成功之石**。例如：自己系鞋带，取得好成绩，完成一个拼图……

——**努力之石**。无论成绩大小，都能让你感到自豪，例如：熟练背诵乘法表，学会演奏一个难度很大的乐曲，整理床铺……

——**品质之石**。例如：耐心、友善、勇气和你获得的称赞……

你也可以顺带记录一下令你感到快乐的事情，例如：拥有好父母、

好朋友、漂亮的卧室……描述一下你喜欢的、给你带来快乐的事物。

将它们都记录在一页纸上，或者把一些纪念品放入包包中。

你的包包会被塞满，你的信心也会增强。

在你感到悲伤、生气或者没有什么事情发生的日子里，你可以把包包放在胸口，从中随机摸出一些"石头"，这样做可以使你想起自己拥有的品质和能力。

你要知道，**自信的秘密在于它会使我们变得更好，更容易亲近他人，对美丽的世界敞开怀抱**。

安妮 7岁

为什么爸爸妈妈要分开?

安妮，这个问题，你最好直接问问你的父母。但是，他们可能不想回答你，因为你现在还太小。

在这种情况下，请不要被自己的想象迷惑。我会跟你解释一下父母分开的一些主要原因。

恋人之间的爱是会随着时间推移发生变化的。开始的时候，两个人彼此非常相爱。随着时间的流逝，彼此之间的爱会减少，或者不再相爱。最终，两个人会分开。

为什么会这样呢？

因为两个人不再拥有相同的想法，在很多问题上无法达成共识。

因为两个人在一起不再快乐，无法相互倾听和倾心交谈。

因为两个人不再相爱，这个无法解释清楚！

由于上面的原因，两个人会经常争吵，久而久之，两个人会说出一些互相伤害的话。

他们也可能会爱上另外一个人……

你看，对于你提出的这个问题，有很多种解释，很难给出一个标准答案。

你要知道，父母分开并不是孩子的错，这是成年人之间的故事。

你要知道父母对孩子的爱是无条件的。也就是说，一对夫妻即使分开，也仍然会继续爱自己的孩子。你的父母不会和你分开的。

请放心，即使你的家庭发生了变化，你仍然保留着自己的位置。

伊希斯 7岁

为什么不喜欢一个人睡呢?

通常情况下，孩子都不喜欢一个人睡觉，伊希斯。

睡觉，意味着要到分开的时间了，你知道这一天将一去不复返，你也该对父母说晚安了……这让你感到沮丧，甚至有点难过。

躺在床上，你不再分心去关注其他事情，身体处于休息状态，你现在只和自己待在一起。这个时候，你会感到孤独，更加需要安全感。

为了帮助你获得更多的安全感，你可以要求父母设计一个就寝仪式。 读一本书，按摩一下，或者给你一个大大的拥抱。但是，在某个时间点，你将不得不接受父母离开，去忙他们自己的事情。

我给你讲个故事，也许会对你有帮助。一个关于安全种子的故事，这颗种子就藏在你的内心深处。

你的父母爱你。爱就像一颗小种子，伴随着父母、祖父母的关注，慢慢长大。这颗种子超有魔力，它能够从父母和祖父母的眼中看到他们对你的爱恋、信任和欣赏，它还能够听到他们发自内心的声音、温柔善良的话语。这颗种子会从中汲取营养，慢慢长大，充满活力！

正是因为有了这颗种子，你才能自己入睡。你会感受到它带来的力量，可以让你把睡觉时间变成美好的时光！你知道安全种子在那里——安全种子和你，你们两个一起在那里。

现在，闭上眼睛，聆听你的呼吸，回想一下你经历过的充满亲情、友情的时光。

伊希斯，等你长大以后，可以带着这颗安全种子去探索世界！

但是，现在还是先在梦境里旅行吧，上床睡觉！

阿德里安 7岁

人为什么会做噩梦?

14

阿德里安，噩梦就是令你感到痛苦的梦。这种梦会让你感到害怕。因为你觉得自己在梦里经历的事情都是真实的。当你醒来时，你不知道自己是在现实中还是在梦里。

也许你的心脏正在快速跳动，感觉自己刚刚跑了很远或者被揍了一顿，你需要一点时间才能平静下来。此外，夜晚视线不是很好，我们辨不清方向，这也增加了你的不安。

我建议你打开灯，确认你的房间并没有发生任何变化。

你的身体会慢慢平静下来，你也会意识到自己还在被窝里，安全无虞。如果这个时候你需要父母，他们就在不远处，会马上出现在你的面前。

让我来给你打个比喻：噩梦就像在电视上看到的恐怖电影，并不是真实存在的。如果不想再看到它，你可以切换到另一个频道，或直接关掉电视！

跟看电影一样，发现自己做噩梦时，你也可以命令你的大脑切换频道。

当你恢复平静之后，集中精力去想那些让你感觉良好的画面。例如：你和朋友们一起讲过的笑话，或者你刚刚赢得的网球比赛。详细回顾每一个细节，重新去感受同样的积极情绪，你就可以平静地重新入眠了。

也许未来几天里，你都会想起这个噩梦。但是，过不了多久，它终将会消失于你的思想洪流之中。

安娜 7岁

人为什么会死呢？

我们会死，是因为总有一天我们的生命会结束，安娜。

我们一般会活到 85 岁。根据个人身体情况，或多或少会有些偏差。随着年龄的增加，我们的身体开始老化，身体各个部件的运转情况越来越糟，连医生也无法修复它们！

动物和植物也会死亡。生命是有节奏的，随着时间的流逝，生命周期的变化，季节的更迭，所有的生命都会更新和死亡。

我们之所以会死亡，也是为新的生命腾出空间。如果我们不死，地球上的人将会多到无法容纳。

我听你说，死亡是一件很可悲的事情。

但是，试想一下，如果我们永远不死，会是什么样呢？你难道不认为想达到永生是非常困难的，我们可能无法忍受吗。

知道自己会死去，这会使你意识到必须利用好生命中的每一刻。这便赋予了生命意义。

因为知道自己会死，所以生命变得更加重要。

> 波利娜 7岁

白色幽灵真的存在吗？

人有时会恐惧是很正常的，波利娜，所有孩子都会恐惧，甚至成年人也一样。可惜成年人常常为此感到羞愧，不敢去谈论这些恐惧。因为他们认为，恐惧很可笑，代表自己不够勇敢。

你要知道，即使电影里的超级英雄也会害怕。恐惧是一种普遍的情绪，表示你有着情感丰富的内心，你是一个活生生的人。

能够认识到恐惧，这很重要。这样你就可以寻求某个成年人或者某个朋友的帮助。

波利娜，在休闲娱乐的时候，大人喜欢开玩笑说"你们这些小孩子正和白色幽灵在一起"，给小孩子留下了深刻的印象。有一些孩子也喜欢玩这种让人害怕的游戏。如果所有人在这个方面达成一致，都很喜欢，那么这可能是一个游戏。否则，就一点也不好笑了！

白色幽灵是一个故事，一个传奇，并不是真实存在的。就像你读一本书一样：当你合上书时，也把整个故事关在了里面。白色幽灵也被留在了书里。

但是，我明白，波利娜，即使你知道这一点，你仍然会有些害怕。**恐惧是不经过大脑思考的**。那么，去直面你的恐惧！我向你推荐一个手电筒游戏。

我建议你带一个小手电筒，一个人，或者和爸爸妈妈一起，去找找白色幽灵可能会藏在你房间的哪一个角落。你要认真地寻找，还可以对白色幽灵说话："你好，白色幽灵，你看起来好像挺吓人的。你能出来让我看看吗，看看你是不是真实存在的，看看你有大大的鼻子吗，有大大的手吗，有跳动的心脏吗？"

当然，你的父母知道这根本就是一个游戏，你肯定找不到任何幽灵！

你们甚至一边笑一边找，这也能帮你消除一些恐惧！

告诉你的父母，不要试图给你讲道理，只需耐心地陪着你一起玩"寻找白色幽灵"这个游戏！

波拉 7 岁

人为什么会有想死的念头？

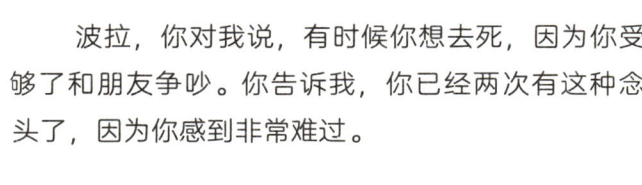

波拉，你对我说，有时候你想去死，因为你受够了和朋友争吵。你告诉我，你已经两次有这种念头了，因为你感到非常难过。

波拉，你真的想死吗，还是说想摆脱悲伤？

把这两者区分开来，这很重要。

你要知道，当我们死了，就永远消失，再也回不来了！这种死亡，和游戏中的死亡不同。在游戏中，英雄死后，还会奇迹般地再出现，现实中却不会。

波拉，我们所有人可能曾经都有过想死的念头，但并不是真的要去这么做。这只是立即摆脱痛苦的一种方式。

当你这样想的时候，你忘记了自己拥有解决问题的能力，忘记了你的生活其实充满了色彩。

当你和朋友生气时，你会觉得此刻的争吵太激烈了，一切都变得混乱：你的情绪，你的想法……你感到非常难过，找不到任何解决办法。

这有点像你放在手中摇晃的雪球，一切变得东倒西歪。但是，当

你放下雪球时,雪最终会落在地上,你或许会在中间发现漂亮的饰品。

我建议你,想想尽快让自己恢复冷静的办法,一个人坐在操场的某个地方,去观察……例如一只蚂蚁,尽可能集中精力去关注这只不知疲倦的小动物!看看它的移动方式、轨迹与搬运的物品……

当你感到心情好一些的时候,听一听你内心的声音:是去看看你的朋友,和她平静地说说话,还是再需要一些时间,等到第二天再说?

你要知道,波拉,要相信自己,你总会找到解决办法的。但是,当你像雪球一样被摇晃得东倒西歪,你就不会看到解决办法。你应该耐心地等待事情过去。

太阳总会照常升起!

万桑 6 岁

什么是异父或异母兄弟？

万桑，你告诉我，你的父亲和你的继母将要有一个孩子，这个孩子会是你同父异母的弟弟。你想知道为什么他不是一个真正的弟弟。

同父异母（或同母异父）的兄弟姐妹，是指从血缘意义上讲，你们只拥有一个共同的父亲（或者母亲）。 像你的情况，你和即将出生的弟弟拥有同一个父亲，但不是同一个母亲。

现在，你可以自己选择如何称呼他，更重要的是你内心是怎么想的。你们会一起长大，即便是每两周才见一次面，你对他的爱依然是完整的！

你和弟弟共同拥有的家庭被称为"重组家庭"。这就像一块漂亮的拼布！你看，这是由不同颜色和不同尺寸的花布相互连接缝成的一块大布。每块花布都有自己的位置，并且带有自己的独特性，使得整块大布变得独一无二。

你和你的继母、你未来的弟弟会产生新的联系。

你和你母亲组建的家庭也不会发生改变。在你的心中，将有两个家庭，尽管这两个家庭有所不同，但同样重要。这是属于你的两种模式。

万桑，你会看到，当你的弟弟出生以后，一切都会自然而然，各归各位。

阿加特 6岁

是否该向自己喜欢的人表白呢？

阿加特，你问我，是否该向你喜欢的人表白。你担心他不喜欢你，所以，你不敢开口对他说。

我认为这很正常，因为目前来看，你仍然很害羞。

爱是需要一点时间的。你必须学会了解自己，增强自信，然后，你的心会从黄色变成红色！

你会感受到这些变化，这个时候，你就可以说出或写下你的感受。

现在，你仍然担心自己会变成一个笑话，担心他会嘲笑你。但是，说出这些感受也是需要勇气的，有一天你会为自己成功做到这一点而感到高兴。

也有可能你爱的人只想继续和你做朋友，并不接受你的"红心"。爱是不能强迫的。你可能会失望，会伤心，这都很正常。你可以请朋友来安慰你。

如果你接受他做朋友这个决定的话，你也可以继续爱他。而且，谁知道，也许耐心等待之后，他可能会改变主意呢！

奥德 7 岁

为什么我不喜欢读书？

奥德，你告诉我，你不太喜欢读书，可妈妈总说读书对你有好处。她经常带你去图书馆，让你挑选自己想要的书。

奥德，**读书就像打开想象世界的大门。**你迈进大门，很可能会遇到迷人的风景和有趣的人物。这就像在另一个世界里遨游，到处都是新奇的东西，有时候甚至会是一个新的时代。

你甚至可能认为自己就在故事中，真真切切地活在故事里。

这是一个暂停的时间。在这个属于你自己的时间里，你拥有想象、发现和娱乐的空间。

读书可以帮助你学到新单词，日积月累，你的拼写也会变得更好，不会再犯错误。这对于你课上听写也是很有用的！而且，专注阅读会增强你的注意力，并且还能够记住看过的内容。因此，读书可以使你的大脑更聪明！

还要感谢这些书及其作者，让你有机会接近一些卓越而伟大的思想，

帮助你成长并让你有所启发。随后，你自己也可以去创作和讲述自己的故事。

你看，妈妈说得有道理。读书确实很好。

伊奈斯 7 岁

为什么男生总喜欢打架?

的确，男孩大多喜欢玩打架的游戏！但是，你要知道，女孩也一样，打架游戏并非仅限于男孩。

有时候，男孩认为要成为真正的男人，必须强壮，而且要向大家证明自己的力量。于是，他们错误地选择了通过打架的方式来证明。

男孩喜欢玩打架游戏、战争游戏。他们模仿电影或动画片里的英雄。他们与其他人较量，看看自己的肌肉是否强壮，当然，他们希望比其他人拥有更多的肌肉！

通过这种方式，他们能看到自己有能力做什么，到底能走多远。他们会重新确定自己的界限，并学会遵守游戏规则。

你看，玩打架游戏并不一定是件坏事。

你告诉我，这种打架游戏令你感到烦躁不安，因为你认为这些男孩玩疯了之后，就会变得比较激动。这会令你们这些女孩感到害怕，因为这些男孩实在太粗鲁了。你说得有道理。有时候，他们由于不熟练、笨手笨脚导致在游戏中越界，让自己受伤或伤到别人。他们还没有学会控制自己的力量。这个时候，大人就要阻止他们，吹响比赛结束的哨声！

此外，伊奈斯，确实存在真正的打架。跟"假装"的打架游戏不同，真正的打架会有攻击性和暴力因素。当有些男孩和女孩觉得自己受到了侮辱、伤害或者背叛的时候，就会发生真正的打架。他们已经不知道该如何交流，第一反应就是通过打架来解决。他们不再能够控制自己的情绪：恐惧、愤怒……

当然，这些真正的打架是被禁止的。不论孩子还是大人，我们每个人都必须遵守规则，这样才能彼此和睦相处，互相尊重，而不是将自己置于危险之中。

> 纳尔逊 7 岁

长时间看电子屏幕会影响大脑发育吗？

是的，纳尔逊，如果你总是长时间盯着平板电脑、手机或者电视机，你的眼睛会首当其冲。

你的眼睛伴着你一起成长，要好好保护它们，这很重要。

屏幕发出的蓝光会让眼睛感到疲劳，更严重一些，你还会感到头疼，甚至需要戴上眼镜。

我想你应该早已听说过长时间看屏幕不好，我也知道很难让你做到不去看屏幕，因为你很喜欢。

可是，想象一下，你的大脑也有一个遥控器，就像电视机一样。你每时每刻都想更换频道，因为你想看到所有频道的节目。

你频繁地从一个频道切换到另一个，其实并没有看到任何内容，也没有停下来去想一想自己更喜欢哪个。

你喜欢这样快速地切换频道，因为这看起来像是在加速。可你却忽略了周围发生的一切，时间也随之流逝。

当你放下遥控器的时候，会感觉有些头晕，就好像刚从旋转木马上下来一样！大脑会感觉既紧张又疲劳，需要一些时间来恢复。

如果你经常这样做,将变得越来越难以集中精力或调节情绪。

你要知道,纳尔逊,过度看屏幕不好,就像过度使用或摄取其他东西一样:如果你吃了太多的巧克力,就会肚子疼。

像你现在的年纪,最好周一至周五每天看屏幕不要超过一小时,也许周末的时候可以放宽到不超过两小时。

你还有很多其他活动可以做。你可以读书,锻炼身体,听音乐,做手工……

你需要去做各种各样的事情,才会有利于你的大脑发育。

玛瑞纳7岁

为什么挨打的总是我？

玛瑞纳，你的父母不应该这样做，但如果他们找不到别的办法能让你听话，就可能会揍你屁股。他们认为孩子最好要听话。

但是，他们可能不知道，孩子挨揍时的第一反应是害怕，而不是去思考自己犯了什么错。

玛瑞纳，打孩子是违法的。你的大脑正处于发育中，你的心灵也一样，需要更多的爱与安全感。

当你被揍屁股了，会在身心留下烙印。**任何人都没有权利伤害你。**

父母是孩子成长的榜样，但是暴力可不能成为榜样。

做父母很难，玛瑞纳，他们并没有去学校学习如何做父母。但是，你可以帮助你的父母变得更好。

我建议你鼓起勇气，与你的父母谈谈。

你可以告诉他们被揍屁股时的感受：觉得自己很坏，感到羞愧，感到孤独无助，没人保护……

尤其是，你会觉得他们不再爱你了。

他们也会向你解释当时为什么会责骂你，他们为什么生气，以及之后的感受如何。

当我们非常生气时，我们认为能控制自己的情绪，让愤怒消失，但事实并非如此，这些愤怒的情绪最终又回来了。考虑如何转换这些情绪很有趣。也许你们之间可以找到一些小秘诀，最终能抑制住怒火。

我敢肯定，玛瑞纳，事情的结果会很好，而且你的父母也会理解你的。

恭喜你能够鼓起勇气和你的父母谈论这些。当事情发生以后，去找大人聊一聊，这很重要。

黛丝 7岁

为什么总觉得自己像个隐形人?

黛丝，当你和朋友闹别扭，不再和对方说话的时候，你会觉得自己好像变成了隐形人。你感觉你的朋友再也看不到你了，就好像你不存在了一样。你很难过，你认为你的朋友抛弃了你，这令你感到很孤独。

首先要知道，黛丝，这种类型的吵架很快就会过去；它们就像是友谊天空中的一些乌云，很快就会消散。

而且，你要坚信你仍然在那里，又漂亮又健康，你还是你，没有人能让你变成隐形人。

这个时候，为了更好地感受自己还是一个活生生的人，你可以走入自己的内心花园。在花园里，有你的思想、你的情绪、你的图像、你身体的声音，以及所有在你体内与你共存的事物，所有让你变得与众不同的事物。

你还可以观察周围的环境——小鸟，大树，小昆虫，阳光和风。你会意识到自己并不孤单，所有这些事物都与你在一起。

而且，请放心，对父母、兄弟和其他朋友来说，你一直都在。

耐心一些，黛丝，一切都会过去。事物一直在不断地移动、变化。例如，抬头看看天空，它不会一成不变。早晨可能是蓝蓝的天空和灿烂的阳光，过了一会儿就阴天下雨了。

很有可能到了明天早晨，你和朋友都不会再去想吵架的事情了，或者认为事情并不像你想象中的那么严重。你们会重新见面并和解，然后你会重新找回自己的位置。

利兹 7岁

为什么爸爸责骂我的时候，我更加不会做作业？

利兹，当爸爸生气时，你是什么感受？

你会有些害怕，开始慌张，脑子也变得混乱。你对自己说，你是个失败者，你什么也做不好。你还会对爸爸生气，觉得他总是因为作业的事情发火。

你所描述的这种体验被称为"压力"。当爸爸责骂你的时候，你很自然就会产生压力，这是正常的反应。

利兹，当你感到有压力时，你知道会发生什么吗？

是的，你的大脑不转了，什么东西都进不来了，它会停下来等着你恢复平静。这也是为什么你听不明白作业的讲解。这个时候，最好去做些别的事情。你可以站起来，去喝口水，或者玩一会儿，让自己平静下来。

爸爸工作了一天，可能也累了，所以，他会变得没有耐心。他也应该休息一下，防止大脑过热！他可能认为，发脾气会让你更有动力学习，更快地找到答案。

现在你可以向他解释，他的做法只能起到相反的作用。

利兹，能够和你的爸爸谈谈你的压力，告诉他你的感受，这种做法很棒。 你可以告诉他，你在学校上了一天的课，回到家里还要做作业，也不容易。你需要他的鼓励和信任。虽然需要花一些时间，但最终你还是能找到解题方法的。你的大脑会重新启动，你会重新拥有思考能力。

这时，你和爸爸可以相互夸赞一番，为爸爸和自己颁发"超级爸爸"和"超级利兹"的勋章！

安托瓦内 9 岁

为什么我们都会自以为是?

他,他很丑!

她,她很笨!

安托瓦内，脱离客观事实而建立起来的对人和事物的消极认知或负面态度，被称为"偏见"。偏见或意见是你针对某一个家人、某一个朋友或某一个亲戚形成的想法，并且你相信自己是正确的。偏见可能源于你从小到大的所学、所见、所闻。

就像你正戴着有色眼镜看着面前的人一样，将在这个人的身上贴上恶毒、懒惰、爱说谎、反复无常或者爱幻想、善良、健谈等标签。

很多时候，当一个人的行为方式不符合你的喜好，你就会给他贴上标签。

例如，当你遇到一个与你不同的孩子时，你可能会感到有些害怕，然后，很容易给他贴标签，认为他是这样或那样的。

但是，你要知道，另一个人也正戴着有色眼镜看你，对你持有偏见。

和朋友一起玩，他告诉你的事情：可能你觉得他说的是假的；可能你觉得他是错的；可能你会感到惊讶……这些都很有趣。

也许你们可以更好地了解彼此。因为你知道，安托瓦内，偏见常常使我们视而不见和充耳不闻。为了更客观地看到和听到，我们必须放下偏见！

而且，放下偏见是勇敢的做法！

艾玛 8 岁

我生气了怎么办？

艾玛，愤怒是当你的行动受到阻碍时引起的一种情绪。举个例子，当你的父母对你说"不"，当你的好朋友打扰了你，当你发现某种不公平现象时……你很难过，却没有说出来。

当你内心充满愤怒时，它会爆炸。那时，艾玛，你看起来就像爆米花！

为什么会像爆米花？因为愤怒就像一粒玉米。当你给玉米粒加热时，它就会爆炸。

当你生气时，你整个人会变红，脸颊发烫，开始尖叫、哭泣……你的怒气会非常猛烈地爆发。

艾玛，为了让自己看起来不像爆米花，我建议你，做"斑马线"练习。在过马路之前，你先在斑马线处停下来，看看是否有汽车驶来，然后再过马路。

当你感到内心有愤怒的"玉米粒"时，你可以停下正在做的事情，然后看看都发生了什么。你可以问自己："我为什么处于这种状态？""我能谈谈我的感受吗？"

如果有一个朋友或一个成年人在你身边,他们会帮助你避免"爆炸"。如果你身边没有人,你可以试试带着愤怒呼吸。将所有的注意力都集中到呼吸上。当你吸气时,想一下自己的愤怒,当你呼气时,将这些愤怒呼出体外,慢慢地,尽可能长时间地呼气。

想象一下,你轻轻地将愤怒推到体外。

呼吸可以帮助你平静下来,并让你的愤怒回到"玉米粒"状态。

然后,你将能够穿过马路并继续前行……

阿尔蒂尔 8岁

人为什么要忍受痛苦？

这是一个大问题，阿尔蒂尔，我会尽力向你解释忍受痛苦的意义是什么。

在身体层面上，疼痛信号很重要。它能引起我们的注意，并指出我们的容忍界限。你的大脑也会对疼痛做出反应。

当你把手放在一块热板上，你会感到疼痛，并撤回手。你的大脑会记录下这种危险，下次你就会记住它。

在心理层面也是一样的。经历痛苦可以使我们做出反应，使我们改变。困难可以帮助我们成长，使我们能够寻找自身内在的资源，并展示我们的能力。生存的本能可以帮助我们找到解决方案，在快要沉到水底时抓住一个浮标。

然而，没人愿意受苦，阿尔蒂尔。对于某些人来说，痛苦甚至与软弱相关，但是，痛苦也可以使人发生转变。

我给你举一个我认为特别好的例子。

你知道珍珠是什么吗？你告诉我，珍珠是妈妈戴着的项链！

养殖的珍珠是从牡蛎中产生的，有些偶然。当一粒沙子进入牡蛎壳内时，牡蛎会保护自己，它会吐出珍珠质包住沙粒来保护自己。正是这种抵御疼痛的行为才使珍珠得以形成，妈妈项链上的珍珠就是这样形成的。因此，珍珠其实就意味着愈合的伤口。

一只牡蛎如果不受伤的话，是不会产生珍珠的。

阿尔蒂尔，你看，生活中的一些意外会造成伤疤，但是 这些伤疤也会变成非常美丽的事物。

我们可以变成创造者，发明一些解决问题的方法，使生活得以继续，尽管会遭受一些痛苦。

如果生活总是幸福而简单，我们将无法通过上面的方式来享受生活。

阿尔蒂尔，没有痛苦，反而也是一种痛苦！

妈妈，你的泪珠如同项链一样美丽！

雨果 8岁

朋友会因为我的诅咒而死掉吗？

雨果，你告诉我，当你和朋友生气时，你可能会产生一些不好的想法，并害怕这种想法成真……也许你在责怪自己，认为自己不应该有这样的想法，这表明你的内心深处是善良的。

在很小的时候，孩子总觉得身上充满了魔力。他们认为，某些话、某个手势或者某些行为都会变成现实。随着年龄的增长，这个神奇的想法渐渐消失，但我们仍然或多或少还会受到它的影响。也正是这个原因，你认为如果你对你的朋友抱有不好的想法，他就可能真的会死掉。

你要知道，雨果，你脑子里的想法只存在于你的大脑中。 没有人会知道你的想法，你的想法不会让你的朋友死掉，即使你真的很生他的气。我们没有这种特异功能，幸好没有！

例如，你还告诉我，在做"斗鸡眼"时，担心眼睛会卡住；或者从梯子下面经过时，担心会有厄运发生。这些都被称为"迷信"，不会真的在你身上发生。

雨果，我们的大脑是一台制造想法的机器——各种各样的想法：好的，坏的。

要知道，你是自己思想的主宰者。你可以观察它们，进行筛选。如果它们对你造成了一些困扰，就去选择那些好的东西并留住它们。

想象一下，你正坐在河边，河面上漂浮着一些小树枝，前方是一个漩涡，你看着这些小树枝从眼前漂过，担心它们掉入漩涡。你可以试着问自己："瞧！'迷信'的树枝遮蔽了双眼，我是否应该留住它呢？它对我有好处吗？它有用吗？噢，不！我还是把它留在河里吧……"

雨果，这个小练习将帮助你不再盲目相信自己所有的想法！

迪耶戈 9岁

我长大后会变丑吗?

你要知道，迪耶戈，美是一个非常主观的感受，它取决于每个人的想法。举个例子，你可能认为一个女孩非常漂亮，但你的伙伴却认为她一点也不漂亮。

当你照镜子时，你可能在以一种不恰当的方式审视自己，很难真正看到自己到底是什么样的。很多时候，我们只倾向于关注自己的缺点：鼻子大，眼睛小，耳朵突出……

迪耶戈，你看待自己的方式，取决于你身体的自我感觉如何。 例如：如果你把自己照顾得很好，刚刚做好发型，穿着自己喜欢的衣服，你就会认为自己很漂亮。

但是，美不仅仅是来自相貌和外表，也是来自你所散发出的自身魅力。 如果你经常微笑，心情愉悦，爱开玩笑，你会变得很迷人。魅力也是美的一部分。

善良、慷慨、关心他人也都是美的组成部分，它们照亮了我们的面孔和心灵！

因此，迪耶戈，我认为丑陋没有任何意义。

这有点像《美女与野兽》的故事：在野兽的后面，总会有一个王子，你要知道，做最好的自己就可以了，不要太在意表象。如你所见，表象是会改变的！

所以，迪耶戈，你将来不会变丑的！**你要知道，对于某个人来说，你永远都是美丽的。** 至少，你的父母就会认为你是世界上最美丽的人！

诺埃米 8岁

为什么鲁本生病后就像变了一个人？

鲁本可能是在经历了种种事情之后，才变得易怒的。他认为自己生病了，这是一种不公平的待遇，正是这种愤怒，使他变得有些恶毒。但是你要知道，在内心深处，他很难过，而且可能很害怕。

你不要只是看到他恶毒的表相，而是要看到他的内心，尝试着换位思考，去了解他的经历。疾病就像一个火球，在这个火球中，有害怕、不安、悲伤和愤怒，没有生病的人是体会不到的。

鲁本感到不公平，是因为他认为自己与其他人不一样而感到痛苦和有压力……很多事情令他痛苦不堪，变得恶毒，就像是把火球扔向别人以求摆脱它。

诺埃米，我建议你去看看鲁本，并告诉他，他对你很刻薄，这让你很受伤。也许他也很难过，如果他愿意，你可以和他谈谈。如果他不想和你聊，那也没关系。他会知道你在那里。

我建议你对他说，虽然不能替他分担病痛，但是可以和他一起分享美好时光。

你知道吗，诺埃米，当一个人承受痛苦时，有时候很难用言语表达出来，但是当他知道还有一个朋友在身边时，他会非常高兴——一个不会对你妄加评论的朋友，一个能够接受你、接受你的本来面目的朋友。

而你，当他对你刻薄时，你选择包容他的情绪而不是冲他发脾气，这不是懦弱，而是一种勇敢。你可以为了解他而感到自豪，为去帮助他而感到自豪。

为什么我害怕说"不"?

德博拉,我们不喜欢说"不",因为很多时候我们不想伤害别人。我们害怕让对方生气,即使他已经不再爱我们。然而,说"不"是需要勇气的,这需要对自己、对自己的想法充满信心,并勇于表达出来。

说"不",就是知道如何倾听我们内心正在发生的事情。

试想一下,你的体内有一个指南针。这个指南针随着你身体发出的信号和内心细小的声音而转动,为你指出一条应该走的路。

举个例子,如果一个朋友建议你去做一些你不想做的事情,那么这个时候,请问一下你体内的指南针。

假如她要你陪她一起去面包店里偷糖果,你内心细小的声音会怎么说?"去吗?""不要去?""这样做好吗?""这样做不好?""这样做对吗?""这样做不对?""我想去吗?""我不想去?"

你的身体会怎么说?如果你感觉局促不安,则表明身体在发出"有问题"的信号。在这种情况下,你体内的指南针很有可能会告诉你说"不"。你有权说"不",因为这既不是你想要的,对你也没有任何好处。

不要因为害怕被说"不善良"而不敢说"不"。如果你为了不伤害

朋友而不去倾听自己内心的声音，那么受伤的会是你。久而久之，你会生自己的气。

最终，像爆米花一样爆炸！

维吉尼亚 8岁

为什么老师总是抓狂?

维吉尼亚,你说老师一直在尖叫,我们很难猜到原因,因为只有她自己才知道。

也许她累了或者有些担心。**照顾一个班级的学生很不容易,有些学生非常好动和爱讲话!**

但这并不是她一直尖叫的理由。老师应该为大家树立榜样。

维吉尼亚,我建议你,单独或者与你的父母一起去见见老师,并与她谈谈你的感受。例如,你可以告诉她,你被她吓到了,尖叫声让你担心,或者你认为这样尖叫不对。

如果这样做不起作用,那么请给自己准备一个像乌龟一样的壳!乌龟总是背着自己的"小房子"来回走动。这个"小房子"也可以作为保护自己免于危险的盔甲。

这真是个好主意!**你可以在脑海中构建一个同样的东西,一个属于自己的地方,作为你的外壳。**

你可以在里面放入自己喜欢的东西和让自己感觉良好的东西:毛绒玩偶、友善的话语、喜欢的音乐……请花时间再想一些具体的东西。

有了这个外壳,当老师总是抓狂让你感到难受时,你就可以"回家"躲一会儿。

这样你受到的影响就会小一些。

布莱恩 9岁

为什么妈妈不在意我的害怕？

布莱恩，你妈妈可能是想让你放心，并会保护你。

告诉你不要害怕，不要害怕任何事情，因为她在那里保护你。**她认为你的恐惧并不严重，因为她并没有看到任何危险。**

但是，**我听到的是，**你希望妈妈能够认真对待你的问题，花一些时间倾听你的话语。你们可以一起尝试着找出让你害怕的事情，一起想办法帮你克服恐惧。

我认为，恐惧可能有用，即使大家都讨厌恐惧。

就像警报一样，拉响警报，就是在提醒你有危险。

例如，当你过马路时，突然驶来一辆汽车，你吓了一跳，赶紧往后退。这个"警报"足以让你记住，下次过马路时要多加小心。

有些时候，我们会毫无缘由地恐惧，从而扭曲对事物的看法。

我们互相讲恐怖故事，最终我们自己都相信了，分不清真假。

当你害怕时，你的身体会呈关闭状态以保护自己：抱紧双臂，呼吸不畅，你感觉自己的视线变得模糊，就像坐旋转木马时的眩晕一样。

这个时候，你要去找你的妈妈，告诉她你现在的感受，这点很重要。

请她给你一个大大的拥抱，使你安心，随后你的身体就会放松下来。妈妈会帮助你冷静，并找到办法转移你的注意力，让你把关注点放到其他事情上。

不过，布莱恩，妈妈总是特别忙碌，所以，当你需要她时，要向她做出非常明显的手势，这样她才能关注你。

对于克服恐惧，妈妈的拥抱永远都拥有神奇的效果。

雨果 8岁

我的父母为什么会生气？

给你举个例子，雨果，当你做错事或者说谎的时候，你的父母就会生气。

他们用生气的方式提醒你，你做了不该做的事情，或者说了不该说的话。

父母责骂你，会让你的内心产生一种强烈的情绪，通常情况下，你会记住这种情绪。这可以帮助你避免重蹈覆辙，因为你不想再有这种不好的感受。

父母责骂你，是想告诉你界限在哪里。界限很重要，可以教会你并不是所有事情都可以做，大人会在那里保护你。例如，不让你把整盒巧克力都吃掉，否则你会肚子疼。

有些时候，温柔地提醒可能不起作用，必须发火，才能让你停下来。

这也许是你测试父母界限的一种方式。

确实有些时候，父母会无缘无故地责骂你，因为他们这一天过得很糟糕，心烦意乱。这个时候，雨果，请拿出你的"保护罩"，因为这种责骂对你来说是不公平的！这也显示出你的父母并不是完美的人。

如果父母经常无缘无故地责骂你，你有权利向他们提意见。这可以帮助他们认识到自己的做法有些过分，需要改变自己的行为。

你要知道，雨果，父母和孩子，是在互相帮助下共同进步的。我们要互相学习。

达芙妮 8岁

收养是什么意思?

你对我说,达芙妮,你的好朋友萨米埃尔告诉你,他是被收养的。你想知道"收养"是什么意思?

收养,是三个故事交织在一起。

——**亲生母亲的故事**。一位母亲怀了一个孩子,但她没有能力陪伴孩子成长,给孩子应有的爱。

也许是因为她还太年轻,也许是因为她没有足够的钱抚养孩子……所以,她决定把孩子交给另一个家庭抚养。这也是母亲表达对孩子爱的一种方式,因为她知道在某个地方,有人会需要这个孩子。

——**领养父母的故事**。可能是因为他们不能生育,也可能是他们希望有一个自己家庭以外的孩子加入他们。于是,他们写了领养申请,并满怀期待地等待孩子来到他们身边。

——**你的好朋友萨米埃尔的故事**。他出生在另一个国家。

在世界上,有一些国家非常贫穷或常年战乱,那里的孩子生活得不幸福。

因此，想要领养孩子的父母，有时会在这些贫穷或战乱的国家寻找可以收养的孩子。

收养萨米埃尔的家庭，会变成他生活的一部分。他得到的爱与关怀将促使他体内的安全种子成长、繁茂。他会与新父母建立牢固的关系。但是，他仍然有自己的血统，这也是他生命中的一部分。

也许有一天，萨米埃尔会想回到他出生的国家去看一看。

你看，达芙妮，领养就是一个冒险故事，而故事的主角就是爱。

艾龙 9岁

为什么我不喜欢努力?

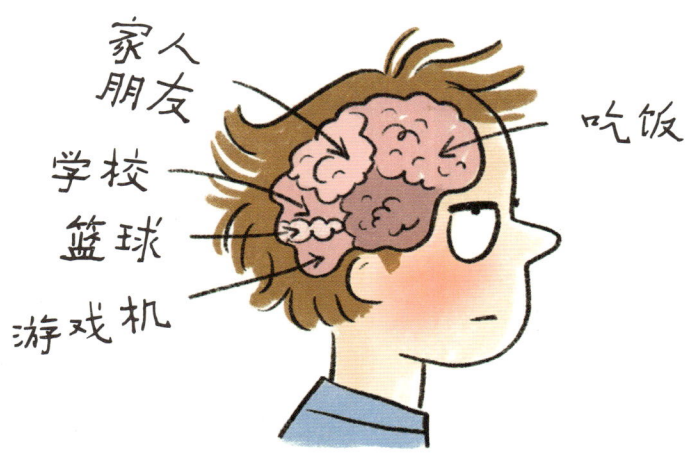

家人
朋友
学校
篮球
游戏机
吃饭

  艾龙,你不喜欢努力,因为在努力的过程中,你需要改变自己的习惯,并且还要消耗掉自己的精力! 你的大脑并不喜欢努力,确实,有时候大脑看起来很懒惰。

  我会尽量给你解释一下原因。想象一下,你的大脑看起来就像是一个由很多信息构成的森林,森林里有许多条小路。随着时间的流逝,由于信息反复经过这些小路,使得小路凹陷下去,越来越深。但是,有一天,有一个信息决定改变方向,走一条新的路线。这是非常需要勇气的,因为在前进的过程中,会遇到障碍、荆棘、树根……

  它必须反复清理自己的道路,一步一步缓慢前行,直至离目标越来越近，它甚至已经看到了远处的光。这时，信息开始为自己感到骄傲，满足感超过了自己曾付出的艰辛。

你也是这样的，艾龙。周三的下午，你一个人在安静地玩游戏机。"游戏机"这条路已经被反复走过很多遍，在你的森林中留下了很深的痕迹。但是现在，你的父母想让你去报名上篮球课，而实际上你并不想去。是的，这就需要你做出努力了！但事实上，你并不喜欢努力，你会找各种借口，不想去上篮球课。

你知道这是为什么吗？就像刚刚那个勇敢的信息一样，去上篮球课，你将不得不穿越一个不舒适的区域。你的大脑需要更加努力地工作，花费更多的精力。这一切都让你感到不开心。**努力，就是学着先将快乐暂时放在一边。**

艾龙，现在你喜欢上篮球课，你也很高兴能够做到这一点。你积极主动、迫不及待地想上每周三的篮球课。你现在是为自己而打篮球。你的父母也非常相信你，并愿意督促你把篮球打得更好。你知道，想要当冠军，就要比其他人接受更多的训练，付出更多的努力。

你也可以成为冠军。

迪伦 9岁

我必须爱
我的妹妹们吗?

迪伦，你不是必须爱你的妹妹们。但是，你必须尊重她们，就像你尊重其他人一样。也就是说，你一定不能伤害她们。

你的父母让你自由选择是否去爱你的妹妹们，因为毕竟你没有提出过任何要求！

你要知道，迪伦，爱是不能勉强的。

和妹妹们在一起，可能不会像和朋友相处时那么情投意合。血缘关系并不能保证你们始终关系融洽。也并不会因为是一家人，就该有相同的性格或者相同的爱好。

另外，一起生活，一起分享生活经历，都能够让你和妹妹们建立更多的联系。这些联系可以成为爱的纽带。

迪伦，等你长大以后，你对妹妹们的看法可能会与现在有所不同。你的性格会发生变化，你们之间的关系也会发生变化。你们拥有共同的回忆。当你们长大成人之后，也许还会成为彼此的依靠。这些未来的事情，你现在还不知道。

今天，她们总是惹恼你，因为她们还太小，喜欢进你的房间，拿走你的东西。她们想学着你的样子，跟你做一样的事情！哥哥是妹妹们的榜样。妹妹们喜欢模仿你，也就是说，你在她们眼里很重要！

迪伦，放轻松，去聆听你内心的声音。一切皆有可能！

诺兰 8岁

为什么我不喜欢失败?

诺兰,你不喜欢失败的原因可能有很多种。

你可能竭尽所能地想取得胜利,你也深信不疑自己会赢,然而结果却令你失望。我们都不愿意失望!

你认为取得胜利,就像获得冠军一样,所有人都会因此而喜欢你,钦佩你。所以,当你失败的时候,你会觉得这是一种耻辱,你的同伴会嘲笑你,你会变成一个弱者。

诺兰,你要知道,不存在弱者和强者之分!我们都会失败,我们也都会成功,失败和成功会轮流而至!

你不要将"你的失败"和"你自己是谁"这两个问题混为一谈。即使你输了,你仍然有你的重要性和价值。

但是,在通常情况下,失败会带来一种挫败感;没有得到自己想要的东西,不得不面对一些规则、限制,这让我们很生气。

学会接受失败,这很重要。因为相比于胜利而言,我们能从失败中学到更多的东西。

当一个人失败的时候,他就会考虑下一次如何改进。

这可以让你学着从另外一个角度看待问题，你会告诉自己，努力尝试和取得胜利拥有同样重要的乐趣。

这也是一个学习管理诸如愤怒或悲伤之类情绪的好机会。

接受失败还有助于我们始终保持谦虚的态度，让我们明白我们不会永远是赢家。

你看，学习接受失败还是很有趣的！在这个过程中，你可以制作出一个小工具箱。工具箱里装满你在失败时和胜利时获得的所有经验。

在下一次需要的时候，你就可以从工具箱中找到合适的工具。

玛丽 9岁

笑真的对身体有好处？

玛丽，我先给你解释一下，笑会给你的身体带来什么样的影响。当你笑的时候，你会同时调动身体的几十块肌肉，这些肌肉放松时，会让你的压力有所缓解并带来一种幸福感。

你的大脑还会释放出一种被称为"内啡肽"的荷尔蒙，这是一种能让人保持心情愉快的荷尔蒙。

你的身体得到放松，内心感受到喜悦，这就是笑一笑给你带来的巨大好处！笑还可以联络人与人之间的感情。当你笑的时候，你会把这种愉悦的心情传递给父母、姐妹和朋友，这就在你们之间产生了联系，产生了共同的回忆。

我们所有人都会记得哈哈大笑的场面，只要想一想这些场面，就能让我们再次露出微笑。

笑也可以让你以不同的方式来看待某些事情。

有一些无伤大雅的蠢事，你可以和父母一笑了之。这样可以缓和情绪，让你们远离生气。这就是所谓的"思维灵活性"！还可以让我们改变心态，当我们开个玩笑时，会突然发现事情并没有那么糟糕。

同样，你也可以采用自嘲的方式，让自己充满幽默感。但是要注意，自嘲式的幽默应该充满善意，而不是去说自己的坏话。

例如，当你踩到一个香蕉皮滑倒了，这个时候你开始大笑，情况就会变得有所不同。与其感到羞愧，不如告诉自己这只是因为自己笨手笨脚，一时迷糊。不完美并不可怕，相反，不完美还会让你更加轻松！

笑是一种工具，可以让你不再那么严肃。

你看，玛丽，笑确实很好！

笑是播下欢乐的种子，笑是与生活、与他人共舞！

爱丽丝 8 岁

为什么我不喜欢无聊？

爱丽丝，没人喜欢无聊。当有很多事情要做的时候，你会觉得自己活得很充实，有强烈的存在感。当无事可做的时候，你会感到烦恼，因为无所事事会留出一大块空白的时间和空间，这些空白令你恐惧。你甚至以为自己会跌入其中，或者被这些空白的空间吸进去。

但是，如果你肯慢慢地接近这些空白，向里面看一看，你会发现它们并不可怕，也许还会从里面发现惊喜。

你知道这是为什么吗？

爱丽丝，当你无聊的时候，你的大脑就变成了探险家！你还记得我向你解释过，大脑就像一个大森林，里面有很多条小路吗？有一些小路，你已经很熟悉，会习惯性地选择走这些路，还有一些……秘密通道！但是，出于恐惧，你会尽量绕开这些新路！不过，当你感到无聊时，你的大脑会很想去探索这些新路，因为这很容易让你产生好奇心。

你猜会在这些新路上找到什么？奇思妙想！

看，爱丽丝，正是因为无聊，才会促使你产生新的想法。

在你内心深处的花园里，你可以找到一些资源，这些资源会帮助你成为小探索家，去发现、想象、创建、尝试、重新开始、实验……

你将为自己感到骄傲，因为你会发现自己喜欢观察和充满好奇心的方向在哪里。

为什么我待人友善时，自己也感觉很好？

安布瑞，友善似乎是保持健康和快乐的秘诀！

当你待人友善时，你的身体会产生一种被称为"5-羟色胺"的荷尔蒙，它是能让人感到幸福的荷尔蒙。这也是为什么你待人友善时，自己也感觉很好！当然，还有其他原因。当你变得友善又大方的时候，别人会自发地来到你身边，这会让你增加自信，并且心里暖暖的。

当你对周围的人友善，开放自己的内心，就打开了你和外界交流的通道，你就会向外看。这样一来，你就很少去关注自己缺少的东西，会少一些抱怨。

友善也具有传染性。当你为别人做了一件事时，对方也想为你做同样的事情，这就是所谓的"互惠原则"。

你付出，就会有收获。每个人都做最好的自己。

我还想补充一点，安布瑞，我们常常想着待他人友善，但对自己却完全不同。明白这一点也很重要。有时候，我们会对自己说一些刻薄的话："我真是个傻瓜，我什么都不知道，我永远都做不到。"

即使你做了一些愚蠢的事情，也不应该对自己说这样的话。试着去倾听自己内心微小的声音，告诉自己温柔一些，就像对待朋友一样。你会发现这样做很有益处！

现在，我建议你选一天做个实验。在这一天，对你遇到的每个人说"你好"，还要看着对方的眼睛，发自内心地对他们微笑。你观察他们的反应，更重要的是，到了晚上，你体会一下自己的感受。

安布瑞，我已经迫不及待地想听你给我讲讲你的感受了。

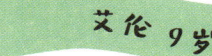

艾伦 9岁

为什么我很后悔一个人把糖果吃掉了?

艾伦，你之所以会感到后悔，是因为你很善良，并拥有积极的情感。你知道本应该和你的兄弟们一起分享这些糖果。

但是，你有权拥有自己的秘密花园，不需要把所有的事情都说出来。

只要父母给你零用钱，你就有权自己去购买糖果，然后自己一个人把这些糖果吃掉。你可以随心所欲地做自己喜欢的事情，当然，不能去做傻事！

艾伦，我建议你，找个地方坐下来，然后告诉自己，这是只属于自己的私密时刻，这一刻无须判断对与错。

你可以慢慢地品尝每一块糖果，你甚至可以假装自己是第一次吃到这些糖果。然后，对自己说，能让自己高兴真是太好了，因为你值得！

我们每个人都需要这样的时刻。

有些时候，只想到自己并不代表自私。正是因为有自己的私密时刻，你才会想到要分享给更多的人。

炎 8岁

为什么会对父母撒谎？

炎，说谎通常是对某种事物进行防御的一种方法。说谎的原因有很多种。但是不用担心，这种事情会发生在所有人的身上！最重要的是能够意识到自己说谎了。

你会撒谎，可能是因为你做了一件蠢事。为了不被父母责骂，你宁愿选择说这不是你干的。你想父母可能不会注意到到底发生了什么。但如果他们发现了真相，会因为你做的蠢事和你说的谎话而惩罚你。这时，就会有双重惩罚！

你会撒谎，可能是因为你喜欢夸大事实，觉得这样做很有趣。例如，你会说自己在比赛中得了第一名，而事实上你是第十二名；为了得到一个礼物，你也可能会说自己这次考试考了一个好成绩；或者为了跟小伙伴一起出去玩，你会说自己已经写完了作业。

还有一种情况，你可能会撒谎，为了避免让他人失望，给他们留下最好的印象。

重要的是你要意识到自己的谎言，知道自己正在说谎。否则，事情就会比较严重！你就会是一个有"谎语癖"的人。有"谎语癖"的人，会相信自己所说的谎言是真实的。但是，你的情况明显不同，否则你也不会向我谈论起此事。

你要知道，炎，即使你不是第一名，即使你把冰激凌滴在了沙发上，或者推了你的弟弟，你的父母依然会爱你。他们并不要求你做到完美。

卢安娜 8 岁

真的会因为压力大而肚子疼吗？

卢安娜，你告诉我，因为便秘，你会肚子疼。也就是说，你上厕所的频率很低，排便困难。

如果妈妈已经和医生确认过不是健康问题，那么很可能就是压力导致的。

小孩子刚开始使用马桶的时候，有时候会害怕拉大便，常常拉不出来。因为他们认为大便是身体的一部分，而这部分正要离自己而去。

父母告诉他们，大便是人体不再需要的食物，是将要倒入马桶的垃圾。

有时候，孩子之所以会便秘，是因为不想在学校上厕所。

他们会憋一整天，最终导致便秘。

但是，也有可能像你妈妈说的那样，是压力导致的。**当你有恐惧或者愤怒之类的情绪时，你的身体会向你发送信号。**你可能会感到肚子里有个大球，喉咙发紧，体温升高……这些信号都表明某些事情正在让你感到不舒服。如果你不听身体发出的这些信号，那么情绪就会积累，变成一个大球卡在那里。你看，有点像便便……

当你感受到这些来自身体的信号时，例如，当你感到肚子疼的时候，我建议你向父母、朋友、祖母……倾诉，寻求帮助，以消除这些情绪障碍。

你还可以靠自己，平静地呼吸，将注意力集中在进出身体的空气上。你甚至可以把一根手指像胡子一样放在鼻子下面好好闻一闻。

这些不好的情绪都会消失，便便也会随之出来。

你的身体就像你的房子，你一生都会住在那里。身体比任何计算机都要智能。它能自动保持平衡，让你最大限度地拥有健康。

所以，你要照顾好你的身体，并准确地接受身体发来的信号。

总之，你要好好地爱惜自己的身体。

克莱门汀 9岁

为什么大人也会焦虑?

克莱门汀，你告诉我，你发现父母经常焦虑，而且毫无缘由。这可能是很多原因导致的，但应该不是什么严重的事情。

我们所有人的大脑和身体里都有一个强大的警报系统，一旦有危险发生，它就会提醒我们。警报系统是非常有用的。

如果我们总是毫无缘由地焦虑，无论什么情况，警报随时都会响起，那么警报系统就会因为频繁使用而过热并出现故障。我们会变得神经质，不再去关注周围发生的事情。

毫无缘由地让自己焦虑，其实就是自己假设一些灾难故事或者一些让自己不安的想法，并在脑海中不停地重复。我们甚至会相信这些灾难故事和不安的想法是真的，慢慢地，这可能还会变成一种习惯。

幸运的是，我们想象的这些事情很少会发生。

而且，焦虑并不会让问题消失。焦虑起不上一点作用！

克莱门汀，你认为，与孩子相比，大人更容易焦虑。也许你说得有道理，因为孩子有一种能力是大人没有的：活在当下。

当你和朋友一起玩的时候，除了游戏以外，你什么都不会去考虑，你会认为这就是真实的生活。你只活在当下，其他什么都不想。

活在当下，就不存在焦虑。看，这就是避免焦虑的秘密。克莱门汀，你可以把这个秘密告诉你的父母，让他们也少些焦虑！

依兰 9岁

为什么不该说伤人的话？

我想，依兰，在你的内心深处，已经有了答案……

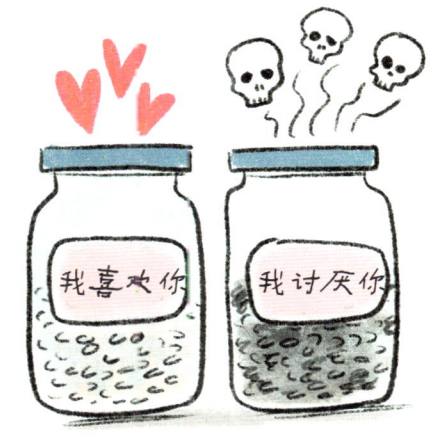

我给你讲一个故事：江本胜是一位日本的博士，他曾经做过一个实验，证明人的心念、情绪和语言都会影响水分子的相互作用和水的结晶。我们的身体约 70% 是由水组成的。

现在，来听听实验的内容吧。取两个广口瓶（或者果酱罐），将它们洗净、晾干，然后往里面放入等量的熟米饭（约30%）。在一个瓶子上贴上"我喜欢你"的标签，另一个贴上"我讨厌你"的标签。然后，把这两个瓶子一起放到阴暗的房间里。

每天，家里的每位成员都对贴有"我喜欢你"标签的瓶子说一句友善、赞美的话，对贴有"我讨厌你"标签的瓶子说一句恶毒的话。这些话要发自内心地说出来。

几周之后，经常受到赞美的米饭依然很好，而另一瓶米饭则开始变黑发霉。

这个实验表明，人的话语可以影响到他人。

你想让你的朋友像发霉的米饭一样吗？

恶毒的话会很伤人。并且，最终也会伤害到自己。

如果我们在生气的时候说了伤人的话，那么，知道如何道歉也是一种品质。

我确定，依兰，你一定能做到！

查莎瑞 9岁

人为什么有灵魂?

查莎瑞，你提了一个很好的问题！你使我感到惊讶，因为你在这么小的年纪，就开始思考有关灵魂的问题了，多么有远见！

如果我没理解错，查莎瑞，你认为人都拥有灵魂，你想知道灵魂是用来干什么的，对吗？

这个问题，回答起来很复杂，因为会有很多种解释。我认为每个人都有自己的见解。灵魂的本意是"呼""吸"。灵魂代表生命。灵魂是看不见、摸不着的，没有形状。

灵魂代表的是"你"而非其他人。 灵魂可以让你拥有情绪、感觉，仅靠身体是无法做到这些的。你笑，你哭，你喜欢，你生气，你为美丽的风景感到惊叹，这都是你的灵魂在身体中发挥作用的结果。

查莎瑞，灵魂有点像体内的灯光，在一生中为你指引方向。在这个世界上，灵魂为你指路并照亮你要走的路。

举个例子，查莎瑞，我认为是你的灵魂使你美丽的双眼闪闪发光！

努尔 8岁

为什么雨果和我们不一样?

努尔,你告诉我,你班上的同学雨果患有唐氏综合征。你想知道为什么他会这样。

当雨果还在他妈妈肚子里的时候,也就是在他生命刚刚开始的时候,制造细胞的过程中发生了一个意外。我们体内的每个细胞都含有46条染色体,但是雨果比我们多1条染色体。这种异常现象被称为"唐氏综合征"。**这不是一种疾病,也没有药物可以治愈它。**

雨果和大家不一样,这从他的脸和身体都能看出来。他上学比较晚,行动比较缓慢、笨拙,说话和交流也不那么顺畅。正是这个原因,班上除了老师，还有一位女士专门照顾他。雨果几乎和你们一样能够做任何事情，但他需要按照自己的节奏来。

雨果也有很多优点，你应该已经注意到了，他是一个非常亲切、有趣、总是保持快乐的小男孩。你能够从他身上学到很多东西，就和他从你那里学到的一样多。

你要知道，努尔，**差异是生活的一部分，能够开启我们的好奇心。差异使我们变得更加宽容。差异教会我们尊重他人，不要取笑他人。**如果有一天你觉得雨果遇到了麻烦，你也可以发挥自己的作用，去帮助他。

懂得关心他人，你自己也能从中感受到很多快乐。

奥科达夫 8岁

时光飞逝,我如何能够留下它?

来，奥科达夫，把你的手递给我，现在和我站在一起，这一刻我们生活在一起。我和你，一起在这里，我真诚地看着你，你明亮的眼睛让我想起天空中的星星，因为它们像星星一样闪闪发光。

当我对你说这些话的时候，我看到你在微笑，这让我也想跟着你一起微笑。我的心里暖暖的，我微笑着回应你。**我们两个人现在就在这里，很好。**

让我们借此机会仔细看看我们周围的事物，就好像这是我们第一次发现这些事物，例如：笔筒、树叶、桌上的蜡烛……然后，我们再一起感受一下自己的呼吸。你要知道，呼吸是我们最好的朋友，从我们出生起就一直陪在我们身边，并维持我们的生命。

当然，你的大脑会去想其他东西！思想就像一只蝴蝶，总是想飞走。我们可以轻轻地告诉它，回来休息一下，感受一下从鼻孔进出的空气。

你有没有感觉到，时间好像静止了？

这是因为当下时刻永远不会结束，而你的一生就是由一连串的当下时刻组合在一起的。如果你去关注这些当下时刻，如果你认为自己一生中最重要的事情就是现在所做的事情，那么，奥科达夫，这就是如何充分利用你的时间的办法！

好啦，轮到你去感受呼吸了！

克拉丽丝 10岁

什么是快乐？

克拉丽丝，快乐是一种积极的情感。它将使你的身体保持良好的状态。也许你会微笑，你会感到温暖，你会感到愉悦和自信。快乐有点像服用了维生素，会让你心情愉快，精神饱满！

如果你仔细观察，那么下次就能认出它。你会说："看，这就是快乐！"

重要的是要记住这些快乐时刻，因为我们更容易记住那些使我们悲伤或愤怒的事情。你可以想象自己有一台相机，每当你感到快乐时，就按下快门。这就是"拍立得"游戏！夜晚躺在床上，你可以闭上眼睛，回放照片，重新看见这些快乐时刻。这种做法会让快乐在你的记忆中留下烙印。

此外，在你的心中有了这些照片，你会睡得更好。

克拉丽丝，我要告诉你一个秘密：我知道快乐藏在哪里……当你呼吸时，在吸气和呼气之间，会有片刻停顿，你感觉到了吗？嗯，快乐好像就藏在这里。

因此，你就像潜水员一样吸气、呼气，在片刻的平静中，从内心深处寻找快乐……

露西 11岁

我们为什么活着?

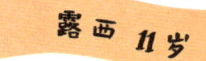

这是一个很大的问题，露西！

我会尽力回答你，但是因为每个人的信仰不同，所以这个问题会有很多种答案。

在我看来，我们是为了成为自己而活着：我相信我们的身体里都藏有宝藏，也许我们是为了发现这些宝藏而活着。

想象一下，为了找到这些宝藏，你可能要去执行秘密任务。

这是一项秘密任务，因为宝藏就在你内心深处的秘密花园里。

你的生活就像一个实验室，你会在里面做各种实验。你将经历快乐的、悲伤的、好的和坏的各种实验。这些实验就像钥匙，将为你打开宝藏之门。

但这些宝藏是什么？你问我吗，露西？

当然，它没有特定的形状！我将它描述为你将要创作的画，你可以根据自己的经历和憧憬一点一点画出来。

这幅画作是有用处的，它将赋予你生活的意义。

给生活赋予意义，就能知道我们为什么活着！噢！这就是你提出的问题，对不对？

每个人都有自己的角色，为自己，为他人，为地球，为更美好的世界！露西，我们每个人都是宝藏的发现者，宝藏的大小并不重要。

重要的是，由你自己去执行你的任务！

人为什么有情感？

克洛伊，在回答你的问题之前，我想先帮你区分一下情绪和情感。

情绪就像穿过我们身体的信号，提醒我们外面有什么事情发生。情绪通常持续不到两分钟。

情感是在多次情绪体验的基础上形成的稳定持久的心理状态，但也会随着时间的推移而变化。

情绪和情感是不可分割的，就像一条长长的带结的线：情感是线，情绪是结。举个例子：你去看望你叔叔，他家的狗追着你大叫，你很害怕。害怕是一种情绪，提醒你可能会有危险，你可能会被狗咬。如果此后每当看到狗时，你都感到不安全，那么这就成了一种情感。

随着时间的推移，情感会出现、增长和消失。我们每个人都会经历不同的情感，例如：爱、嫉妒、恨、愉悦、愤怒、温柔、喜悦、信任……情感就像是记录感受的照片，在某个特定环境下，记录你和他人、动物甚至大自然相处时的感受。

你问我人为什么会有情感？**那是因为我们还活着！**没有情感的人就像活死人，内心有一个空洞！情感使我们活得更强健有力。

情感使我们能够生活在一起，互相交谈，彼此了解，懂得为对方考虑。

情感使我们能够更好地了解自己，知道自己的感受和需求。情感是我们主动性的驱动机。

克洛伊，父母的爱是一种深切的情感，像一棵大树的树根，使你出生，获得自信并伴着力量成长。

而这种情感，你可以传播并分享出去。

我聪明吗?

恩佐,如果你提出这个问题,那你一定是个聪明的男孩。

你看,好奇心就是聪明的证明。仅仅因为你在学校成绩不佳,就说你不聪明,这种判断是错误的。那么,怎样才算是聪明呢?你向我提出这个问题。

聪明智慧,是指从人类诞生开始,每个人可以通过最能适应其环境的方式生存下来,从而使人类不会灭绝的一种能力。可见,聪明智慧其实是一种生存本能。

而且，动物和植物也是如此。虽然植物没有大脑，但是，它们也能够适应自己生存的环境。

聪明智慧就像一个百宝箱，里面装满了各种资源，可以相互组合。在你的百宝箱里，有理解能力、学习能力、适应能力……还有对世界或其他事物的好奇心、敏感性……

这些资源，你必须好好照顾它们并使其成长。上学读书，在大自然口散步，和朋友一起玩耍，骑自行车，弹奏乐器，与父母拥抱……所有这些都将增长你的聪明智慧。

但是，我还想告诉你一些重要的事情，恩佐！为了不浪费资源，**你必须努力。**

你知道《拉·封丹寓言》中《龟兔赛跑》的故事吗？

乌龟向兔子发起挑战，说自己会比兔子先到终点。兔子接受挑战，因为它知道自己跑得比乌龟快得多，一定会赢。因此，在比赛过程中，兔子做了很多自己喜欢的事情：玩耍，吃东西，睡觉……乌龟则保持耐心、专注和坚韧，它一步一步往前爬，最终赢得了比赛！

恩佐，努力的含义就是在特定的时间里主动地将精力集中于做某些事情，等待属于你的结果，不气馁。

是的，你很聪明，而且凭借你的努力，你的聪明将会变成一种超能力。

埃米尔 11岁

真的能穿越时空吗？

噢，埃米尔，这样一个问题啊，我无法从科学的角度回答你，因为那不是我的专业领域！

但是，你是否相信，你的想法、梦想和回忆能让你来一场穿越时空的旅行？

看，凭借你的记忆，你可以重温各个回忆片段，回到过去。

考虑明天要做的事情，你还可以将自己投射到未来。

怀揣梦想，你可以为自己创想一个虚构的世界，到达任何你想去的地方！

可是你想让我告诉你，埃米尔，在现实生活中，坐在椅子上就能真的进行穿越时空的旅行。这是不可能的，因为过去已经不存在，未来还尚未来到。

举个例子，当你在想昨天与安德烈吵架的事情时，你就回到了过去。你从记忆中提取了一段回忆。

这个"过去"非常有用，因为它促使你去思考该如何做才能避免和安德烈闹翻。

未来也是一样的。当你在考虑下次夏令营之旅时，你就处在未来的当下。你会提前考虑要放入手提箱的所有物品，对旅途中各种事项进行计划。

但是，穿越时空的旅行并不总是很有趣！

事实上，如果你总是回忆过去，可能会让你感到后悔和伤悲。如果你总是畅想未来，你可能会对所有的事情感到焦虑、担心。

埃米尔，我们能够经历并真真切切存在的唯一时刻，是现在。现在**转瞬即逝，所以，我们必须抓住它**，并好好地利用它。

现在时刻，是我们在一起的这一刻。就在这里，在一起！

维奥莱特 10岁

我会有成功的人生吗?

人生目标:
- 玩
- 有真诚可靠的朋友
- 对所做的事情感到高兴
- 有一个吊床 ♥

维奥莱特,从你开始思考这个问题的那一刻起,我就想对你说:"是的,你会成功的!"

成功的人生,从今天开始,之后每一天都很重要。

对于你来说,成功的人生是什么样的?你知道,对于每个人来说,成功的定义都是不同的。你可以将自己的答案写在笔记本上。等你再长大一些,可以翻出来再次读读这些内容,这会很有趣。

维奥莱特,你拥有敏锐的洞察力,这会让你一直保持着好奇心。你会想去发现、学习和发明创造一些东西。

当你还是孩子的时候,你拥有渴望、梦想和激情。这些为你未来的成功打下了良好的基础。

这些渴望、梦想和激情伴你长大,等你成年后,它们会开花结果,助你走上成功之路。

维奥莱特,如果你保持开心和微笑,继续前进,生活就会带来你所需要的东西。

路易斯 10岁

如果我爱的人
离我而去,
我该怎么办?

路易斯，你问我，如果失去了一个你爱的人，你该如何生活？假如停下来，不去想这件事，是否一切都可以回到从前？

某个人的死亡会是一种创伤。

我给你描述一幅画面：当你跌倒，膝盖受到重创，就会流血，而且伤口会裂开。最初，你受到惊吓，痛苦不堪，你认为自己可能无法抬腿或者站起来。你的身体将启动防御系统，为你修复伤口。日复一日，疼痛逐渐减轻，伤口慢慢愈合并结痂。然后，疮痂会越变越小，最终脱落。你的膝盖上可能会留下一道疤痕。当你再看到这道疤痕时，你会想起那些痛苦的回忆。

所以，路易斯，如果失去了某个你所爱的人，情况将会是一样的。**你会非常悲伤，然后时间会慢慢治愈你的痛苦。**

你将继续自己的生活，因为生活从未停止。但是，你的生活不会像以前那样，因为在你的心中会留下一道疤痕。这道疤痕会是我们生命的一部分，证明我们曾经很勇敢。

在我们所爱的人死后，我们永远不会忘记他们。他们始终在我们心中占有一席之地，他们始终活在我们的记忆里。

路易斯，不要"停止"思念他们。最初，你会非常想念他们，但是，随着时间的推移，思念的次数会越来越少。

不过，没关系，因为不是你用来思念的时间越多，就代表这个人对你来说越重要。其实，更重要的是，你与他一起经历过的所有美好的事。

卢卡斯 10岁

为什么害怕考低分？

卢卡斯，你认为成绩可以反映出你的价值，但不能仅仅因为你成绩差，就认定你不好。

功课不好，不会让你变得低人一等，你的生活亦是如此！

面对你自己的评估标准，你越是害怕，你的大脑就越会受阻，你的思维会变得混乱，你会觉得自己把所学的东西都忘记了。

轻轻地对自己说，请放心，你已经充分复习了，足以得到一个好成绩。如果事实并非如此，那也没关系。

最主要的是尽力而为，超越自己。

你不要责怪自己，那样你会对自己失去信心。而且，害怕正是吸引坏成绩的磁石！

如果你非常担心即将发生的事情会失败，我们称之为"预期性焦虑"。

也就是说，你总是害怕自己不能够胜任，给自己施加了太大的压力，最终让自己疲惫不堪，变得虚弱。就像你一直想做到完美，但你却做不到！

卢卡斯，这种压力是你自己施加的，你完全可以摆脱它。

我建议你向父母寻求帮助，要知道他们其实无条件地爱着你，而不

是因为一个好成绩才爱你!

慢慢地,你对坏成绩的恐惧会变得越来越少。有时候,这种恐惧还会有积极的意义,能够促使我们努力超越自我。

所有的问题都归结于要找到一条正确的路。

亚力克西 11 岁

如何找到一生挚爱？

你告诉我，亚力克西，你已经恋爱了，并且你想继续保持这种恋爱状态，以这种状态生活下去。你说如果你错过了这次爱情……其实你也正在寻找找到一生挚爱的方法！

我相信，亚力克西，最好不要去寻找。有一天，爱情会出现在你面前，让你始料不及。当我们准备好去感受它的时候，它就来到我们身边了。

你要接受它突然闯入你的生活，准备好去迎接它，也要耐心等待它。

当爱情来临的时候，你会认出它的。这无法用言语描述。你的内心会感受到爱情。你内心微小的声音，你的直觉都会发出闪烁的信号："前进，继续前进！"

你的身体会做出反应，你能感受到很多事情：肚子里有蝴蝶飞舞，眼睛里有火花，内心充满喜悦，思绪早已游离在空中……此时，你体内的指南针会告诉你：这就是你的一生挚爱，就是他！

每一次坠入爱河，你都会经历同样的事情。但爱情的美妙之处在于——每次都不同。在不同的年纪，遇到不同的爱情。

亚力克西，也许，在未来的人生中你会爱上许多人。但那又怎样呢？这些都留到你年纪大一些的时候再讲吧。

巴纳贝 11岁

为什么没有人无所不知？

那么，为什么地球会转？
那么，为什么太阳被称为"太阳"，而不是"香蕉"？

那么，为什么……

巴纳贝，大人尝试着回答孩子的问题，但有些时候，他们也没有答案，因为大人也不是无所不知的。没有人能做到无所不知。

知识是永无止境的。我们穷尽一生可能也无法学完想学的一切知识。如果我们以为自己无所不知，也会很麻烦。我们对世界和对生活的看法会变得非常狭隘，非常局限。

著名的哲学家苏格拉底曾经说过："我唯一知道的是我的无知。"其实，他想表达的是，我们不是无所不知，这迫使我们到处去寻找答案，就像侦探一样！你不觉得这更像一场神圣的冒险吗？

巴纳贝，确实有些事情，没有人知道答案。这些事情被称为"谜"。

例如，生命本身就是一个谜。我们不确定生命是如何出现的。对死亡的理解，亦是如此，也是一个谜。

有些谜团，随着年龄的增长，你可能会知道答案，而有些则不会知道。

这也是让我们的生活变得多姿多彩的原因。未知的事情，会迫使我们勤于思考，保持好奇心，对生活充满激情。

你会发现，谜团是生命的载体，会使我们想去了解更多未知的事情。

正是因为有这些伟大的研究人员，人类才能够发现很多新事物。

巴纳贝，你也可以和这些伟大的研究人员一样，每天都能发现新事物！

维克多 10岁

死亡意味着什么？

这是个大问题，维克多！**是的，你会死的**。但是实际上，死亡意味着什么呢？

当我们死了，我们的身体就不再有生命迹象。心脏会停止跳动，连呼吸也停止了。今后的生活中，将不再有你。

至于其余的，在你身体之外可能会发生的事情，就众说纷纭了，有很多种假设。

重要的是你会找到自己的答案。这个答案或许与你家人的信仰有关，或许无关。如果你本人有宗教信仰，也可能和你的宗教信仰有关。

- 有些人认为，我们都是大自然的一部分。我们的生存要归功于土地、太阳、空气和水。因此，自然界、动物和我们之间，多多少少都能在彼此的身上找到自己的影子，我们彼此相连。有一天，当我们死了，我们的身体重新回到土壤中，去滋养植物，哺育昆虫……这就是生命的循环。

- 有些人认为，人死之后会有另外一种生活。人死之后，会生活在天堂里。在那里，我们可以遇到上帝，遇到我们曾经爱过的死在我们前面的人。

- 有些人认为，生命可以轮回。也就是说，我们的灵魂不灭，只是以另一种形式呈现出来，可能是动物、植物、人类……想象一下，维克多，如果你将转世为长颈鹿……

- 另外一些人认为，人死之后，什么都不会发生。我们只是存在于那些爱我们和认识我们的人的回忆里。

当然，没有人知道哪个才是正确的答案！

维克多，这个答案由你自己来选择，你还有足够的时间去考虑这些。因为随着时间的推移，我们的想法也会发生改变。

黛西 11岁

为什么我害怕在全班同学面前讲话?

黛西，你知道吗，很多人都害怕在公开场合讲话，成年人也一样。

在公开场合讲话，并不是一件容易的事。你一个人站在台上，底下有那么多双眼睛注视着你，在这种情况下，你还必须背诵一篇课文。

你会思考很多事情：别人会评判你，批评你，嘲笑你，然后，你会忘记所学的知识，甚至什么都不记得了。

当然，由于害怕，你的思维会变得混乱，你觉得所有东西都混在了一起，你一直想着这些可怕的事情。这会制造出更多的恐惧。

我建议你，放缓一下自己的呼吸，不要去听，也不要去想那些不好的情形。轻轻地告诉自己：并不是只有你一个人害怕在全班同学面前讲话，会紧张害怕是很正常的。能够站在全班同学面前，你已经很勇敢了。你认真听课，所学的知识就在那里，在你的脑海中，并没有消失！

黛西，也许你会脸红，但这很快就会过去的。

如果你愿意，你甚至可以用一些幽默的玩笑来缓解气氛。**在这种情况下设法自嘲，会有助于你远离由于紧张害怕带来的不适。**

你的表现如此勇敢，你将克服恐惧。而这将给你带来信心，下一次再遇到同样的情况时，你会充满信心。

我们应该采取行动战胜恐惧，后退只会给恐惧增添更多力量。

我敢肯定，如果你把这些告诉朋友，你会惊讶地发现 他们可能也有害怕的时候。

安妮 10岁

如何才能找到真正的朋友？

安妮，你告诉我，你经常会和朋友发生争执，有时你甚至会怀疑你们之间的友谊。那么，如何去辨别你的朋友是不是一个真正的朋友呢？

友谊需要经得住时间的考验，安妮。也许时间会给你答案。

友谊就像你在菜园里种植的蔬菜。在一个阳光明媚的日子里，你撒下一些种子，每天去浇灌它们（要尽可能充满爱心），看着它们长大。你还要去应对那些恶劣天气和害虫……随后，这些蔬菜成熟了，你收获了劳动成果。

尽管有些时候，这些劳动成果可能没有你想象中的那么好，但总的来说还不错!

友谊也差不多是一样的,也是在不断成长的!刚开始的时候,你被另一个人吸引,想快点再次见到她。随着你们相处的时间越来越长,你们之间产生了新的关系。

安妮,你要知道,一个人很难做到完全理解对方并接受对方的缺点。有时候这会让人感到烦躁不安。友谊需要我们付出努力。但这也很棒,因为在这个过程中,我们能够更好地了解自己并成长起来。

"同意这种说法!但是真正的朋友是什么样的?"你问我。

一个真正的朋友,当早晨看到你时,她会冲你微笑。她爱你,就像你爱她一样。你不需要做任何刻意的改变,也能成为她的朋友。你很信任她,你可以把自己的秘密说给她听,因为你知道她不会把你的秘密告诉任何人。她想把自己的故事讲给你听。但当你讲述自己的故事时,这个故事恰巧又是一个悲伤的故事,她会安慰你,逗你开心,给你分享她最喜欢的饼干。假期的时候,你会非常想念她,她也会给你发消息。她甚至希望你们的妈妈也是一对好朋友,这样她就能经常见到你!她和你交换毛衣穿,人们常常把你们误认为亲姐妹……当你和她吵架时,她会原谅你,因为她珍惜你,不想失去你,更不想伤害你。她不会一直在你身边,但是如果你需要,她就在那里。

远不止这些,还有很多,安妮。如果你倾听自己内心的声音,它会告诉你……

阿莱克斯 10岁

为什么有些人
总喜欢嘲笑小孩?

阿莱克斯，首先你要知道，没有人有权利嘲笑你。 无论你是年纪小，年纪大，强壮的，还是怎样，这都不该成为被嘲笑的理由。

你对我说，你感觉受到大家的排挤，而且情况还很严重。**我建议你去跟老师和父母谈一谈。**

阿莱克斯，恶毒的话就像飞镖一样，被击中的人会疼。

有些孩子喜欢取笑别人。可能是因为他们自己也被其他人扔来的飞镖击中过，或者他们的家里发生了什么糟糕的事情。也有一些孩子看了太多的暴力电影或视频，最终变得麻木，根本意识不到伤害到了他人。

阿莱克斯，我建议你，告诉这些孩子，你不会再听他们说的话，也不会做出任何回应。试着平静友好地说出这些话。他们一定会感到惊讶。因为在他们内心深处，他们认为自己更强大，正想着向你发起一场飞镖挑战赛。

不像他们一样做，不代表你很懦弱。相反，你应该为不去回应他们而感到自豪。

还有一些办法也许会对你有帮助。你可以在日记本上写下你想对他们说的话，以及那些让你生气的话。你也可以对着镜子大喊！

如果这种事情再发生，你可以去大人身边寻求保护。但是，我相信这些孩子最终会收起他们的飞镖。我希望有一天他们也能像你一样，说出那些伤害他们的事情，不再去伤害其他人。

埃米尔 10岁

爷爷为什么会自杀?

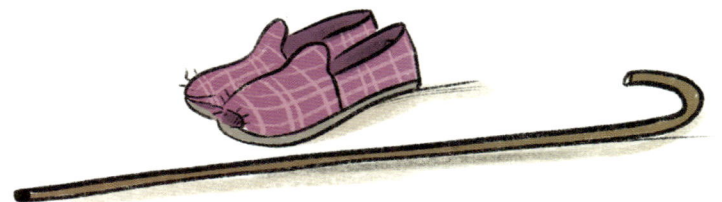

埃米尔,你告诉我,你的爷爷已经老了,经常会受到病痛的折磨。

埃米尔,你的爷爷自杀了,因为他不想再以这样的方式活下去。对他来说,病痛的折磨远远超过了生存的意愿。所以,他选择用自杀的方式,使病痛彻底消失。

也许他认为找不到解决办法了,也没有人能够帮助他了。这不是任何人的错。

你的爷爷,他一定很伤心。但是,你要知道,埃米尔,这种伤心很特别,与你和朋友吵架时的那种伤心不一样。与朋友吵架时的伤心,很快就会过去,而且你还可以自我平复。但是,你的爷爷就非常不幸了。

他的伤心，是一种持续了很长时间的深深的绝望。虽然很难放下他所爱的人，但是他实在看不到生活的希望。他可能也不想再对其他人诉说痛苦。

我向你保证，埃米尔，你爷爷自杀并不意味着你或者家中的其他人也有可能自杀。我们有时候会担心自杀具有"传染性"，但事实并非如此。

我建议你记住爷爷身体依然健康时的那些回忆，让他继续活在你的心里，留下一个好的印象，这是目前最重要的事情。

伊纳 11岁

为什么男孩不能流泪?

伊纳，男孩子不应该哭泣这一说法，仍然被很多人认同！这其实算是一个古训。在古代，男人去打猎或打仗时，必须表现得坚强而有韧性，要胜利归来。

有些时候，对男孩子的印象，还停留在要有男子汉气概，行为举止要像个英雄。男孩子要通过打架来证明自己很强壮，要能控制自己的情绪，不能表露出害怕。男孩子要热爱球类和竞技类运动……男孩子要看起来像他的父亲，又高又壮！

因此，当一个男孩子哭泣时，就像在说自己很软弱而且多愁善感，像个女孩子一样！

事实并非如此，伊纳，这种说法只是一种执念。现在，人们的思想和眼光都发生了变化。男孩子也有哭泣的权利。也许你还会见到一些男孩子喜欢跳舞，不喜欢打架，脾气也很好。但这并不会让他们看起来缺少男子汉气概！

伊纳，感性是人类情感的一个组成部分，并不单单just属于某一个性别。

我们的内心都有丰富的情感。

每个人的表达方式可能有所不同。女孩子更容易去谈论自己的感受。男孩子则很少表露自己的情感。但不能一概而论。

我们所有人在消除这些老生常谈的旧观念方面都可以贡献一份力量！

这样大家就都可以成为真正的自己，并让我们才华横溢的感性因素真正发挥作用！

于利斯 10岁

朋友之间会亲如兄弟吗?

于利斯，我认为，你的朋友说他们是兄弟，那是因为他们非常喜欢彼此，并且想成为一生的朋友。当我们有兄弟姐妹时，会是一生相伴的人。

他们希望彼此相像，拥有同样的价值观，竭尽所能地看起来更像"兄弟"，其他人也都认为他们是兄弟。

你看，朋友可能更像我们可以选择的家人。

我给你讲一个关于神秘岛的故事，岛上的人都能活到上百岁。你知道他们长寿的秘密吗？

岛上的人都是好朋友，他们之间关系非常亲密，就像是兄弟一样。

在这个岛上，朋友们会花尽可能多的时间待在一起。早晨，晚上，周末都会待在一起。聊天，玩多米诺骨牌，唱歌或者聚餐……他们相处融洽。人与人之间更多的是温暖、交流和宽容。

他们就像一个大家庭，非常团结，做事情会为对方考虑。遇到问题时，也会互相帮助。

当然，他们也会吵架，但是，很快就会和解，他们永远不会长时间生气。

你看，于利斯，在这个神秘岛上，由于大家彼此之间的亲密关系，每个人的寿命都更长，生活也更幸福。

这就是快乐的秘密，你可以与朋友分享一下！

阿尔蒂尔 11岁

为什么我看不得朋友难过?

阿尔蒂尔，你告诉我，你不愿意看到你的朋友伤心难过，因为你也会因此感到悲伤，所以你告诉自己一定要帮助他。你是一个敏感的孩子，能够感受到他人的情绪。你的内心是对大家敞开的。

但是，如果你坚持要给他提供帮助，你有没有想过，也许这是因为你自己不喜欢处于痛苦中？要知道，非常执着地想给亲近的人提供帮助，有时候并不一定是件好事。

我们常常会代替他人进行思考，去想象他人的感受、他人的需求。然而，这仅仅是我们按照自己的意愿去行事，并不一定是他人想要的。

执着地想给你的朋友提供帮助，阿尔蒂尔，还可以表明你拥有超强的能力。但不幸的是，你并没有魔法棒。

最好的办法是去看看他，告诉他你能感受到他很难过。如果他接受，你可以做他的听众或者为他提供帮助。

你也可以仅仅是坐在他身边，把手放在他的肩膀上，和他在一起，不需要讲任何话。这也是与他沟通，去感受他的情绪的一种方式。但是，那并不是你的情绪，你无法将悲伤的情绪带走。不过，你的出现，已经让你的朋友感到有所缓解，这就足够了！

悲伤常常使我们感到恐惧，我们不想陷入痛苦之中，也不想看到自己的朋友遭受痛苦。但是有时候只有经历过悲伤，事情才会往更好的方向发展。

关键词索引

喜悦 / 开心
- 笑真的对身体有好处？…66
- 为什么我待人友善时，自己也感觉很好？…70
- 什么是快乐？…88
- 人为什么有情感？…92

愤怒 / 生气
- 我生气了怎么办？…40
- 为什么鲁本生病后就像变了一个人？…48
- 为什么我害怕说"不"？…50
- 我的父母为什么会生气？…56

伤心 / 悲伤
- 人为什么要忍受痛苦？…42
- 如果我爱的人离我而去，我该怎么办？…100
- 为什么我看不得朋友难过？…122

焦虑 / 无聊
- 朋友会因为我的诅咒而死掉吗？…44
- 我长大后会变丑吗？…46
- 为什么我不喜欢无聊？…68
- 为什么会对父母撒谎？…74
- 为什么大人也会焦虑？…78

恐惧 / 害怕
- 为什么不喜欢一个人睡呢？…12
- 人为什么会做噩梦？…14
- 为什么我害怕在全班同学面前讲话？…110

压力
- 为什么爸爸责骂我的时候，我更加不会做作业？…36
- 为什么老师总是抓狂？…52
- 真的会因为压力大而肚子疼吗？…76

爱
- 为什么相爱的人会亲吻彼此？…4
- 是否该向自己喜欢的人表白呢？…24
- 我必须爱我的妹妹们吗？…62
- 如何找到一生挚爱？…104

自尊 / 成长
- 自信的秘密是什么？…8
- 为什么我们都会自以为是？…38
- 为什么我不喜欢失败？…64
- 我会有成功的人生吗？…98
- 为什么有些人总喜欢嘲笑小孩？…114
- 为什么男孩不能流泪？…118

学习
- 为什么我不喜欢读书？…26
- 长时间看电子屏幕会影响大脑发育吗？…30
- 为什么我不喜欢努力？…60
- 我聪明吗？…94
- 为什么害怕考低分？…102
- 为什么没有人无所不知？…106

家庭
- 为什么妈妈更喜欢小妹妹？…6
- 为什么爸爸妈妈要分开？…10
- 什么是异父或异母兄弟？…22
- 为什么挨打的总是我？…32
- 为什么妈妈不在意我的害怕？…54
- 收养是什么意思？…58

友谊
- 为什么总觉得自己像个隐形人？…34
- 为什么我很后悔一个人把糖果吃掉了？…72
- 为什么不该说伤人的话？…80
- 为什么雨果和我们不一样？…84
- 如何才能找到真正的朋友？…112
- 朋友之间会亲如兄弟吗？…120

人生 / 思考
- 人为什么会死呢？…16
- 白色幽灵真的存在吗？…18
- 人为什么会有想死的念头？…20
- 为什么男生总喜欢打架？…28
- 人为什么有灵魂？…82
- 时光飞逝，我如何能够留下它？…86
- 我们为什么活着？…90
- 真的能穿越时空吗？…96
- 死亡意味着什么？…108
- 爷爷为什么会自杀？…116

简 介

卡琳·西蒙妮 著

法国临床心理学家，心理治疗师。曾接受过家庭治疗方面和 ACT（接纳与承诺疗法）方面的培训。

她在儿童精神保健中心与患病儿童相处长达 25 年之久。工作期间，她为儿童提供切实有效的心理治疗，并监督、指导负责幼儿工作的相关专业人士。现居巴黎。

伊莎贝尔·玛格瑞 绘

居住在里昂，曾在埃米尔·科尔美术学院学习，如今为儿童读物和女性杂志创作插画。

孟艳 译

毕业于大连外国语学院法语系，取得全国翻译专业资格考试法语笔译二级证书。曾获得由国务院新闻办公室、中国作家协会、中国外文局联合主办，中国翻译协会承办的"2013 年中国当代优秀作品国际翻译大赛"法语组三等奖。

译有《认同感：用故事包装事实的艺术》《妈妈，我要吃辅食》等。